Este libro ser de

_____

Este libro pertenece a

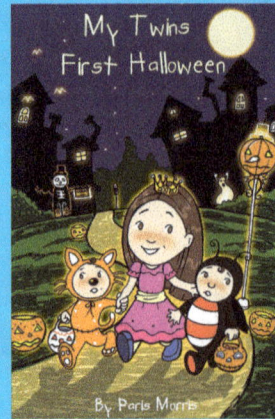

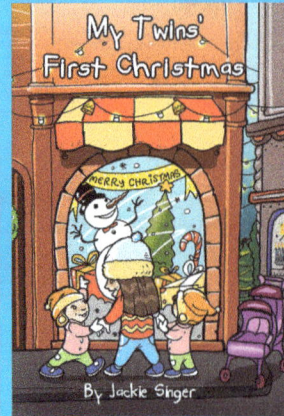

I'm Having Twins
BY PARIS MORRIS

My Twins are Coming Home
by Paris Morris

My Twins First Birthday
By Paris Morris

My Twins First Halloween
By Paris Morris

Paris Goes To Lake Tahoe
by Paris Morris

Paris Goes to Los Angeles
HOLLYWOOD
by Jenna Gonzalez

Paris Goes to San Francisco
by Liberty Morris

My Twins' First Christmas
By Jackie Singer

Publicado por:

New Year Publishing, LLC   144 Diablo Ranch Ct.   Danville, CA 94506 USA

orders@newyearpublishing.com   http://www.newyearpublishing.com

ISBN: 978-1-614310-5-87

NEW YEAR
PUBLISHING, LLC.

La primera Navidad de mis gemelas

por Jackie Singer/Paris Moris

Gracias a Dave y Paris por hacer todo esto posible. Gracias a mamá y a papá por toda su ayuda y gracias a mi hermana pequeña Kate por darme la experiencia de vida para poder escribir esta historia. — Jackie

Mi nombre es Paris. Tengo dos hermanas gemelas, Liberty y Victoria, y este diciembre es la primera Navidad de mis gemelas. Estoy muy emocionada por enseñarlas nuestras tradiciones familiares.

A principios de diciembre toda nuestra familia conduce a la granja de árboles para escoger un árbol de Navidad. Me encanta el olor de los pinos y encontrar el árbol perfecto. Hace mucho frío fuera, así que espero que nieve pronto.

Parece que las gemelas se lo pasan muy bien jugando al escondite.

Cuando llegamos a casa, decoramos el árbol. Todo el mundo tiene un adorno especial y este año, tenemos dos nuevos.

El único problema es que las gemelas están quitando los adornos. No queremos que rompan ninguno, así que hemos tenido que poner una valla alrededor del árbol.

Papá hace un gran trabajo poniendo todas las luces bonitas
en nuestra casa. Nos envolvemos en nuestros sombreros
y guantes y caminamos por el vecindario para ver las
decoraciones del resto de la gente también. Algunas
personas decoran con nieve falsa, pero tengo los dedos
cruzados para que nieve de verdad pronto. Papá dice que
es posible, pero no nieva muy a menudo donde vivimos.

Todos los años, vamos a casa de mi amigo Lincoln cuando celebran Hanukkah. Algunas familias judías sirven latkes de patatas, pero en Israel que comen rosquillas de jalea. Las rosquillas que la abuela de Lincoln hace son deliciosas.

Este año me dejaron encender las velas de su menorah y luego mostramos a Liberty y Victoria cómo girar la perinola.

En preescolar, aprendí que no todo el mundo celebra la Navidad o Hanukkah. Algunas personas celebran Kwanzaa, lo que significa 'primeras frutas de la cosecha' en Swahili. Kwanzaa es una celebración que dura una semana que honra la herencia y cultura afroamericana.

Una de mis tradiciones favoritas es caminar por Union Square y mirar los escaparates de todas las tiendas. Hacemos una lista y compramos los mejores regalos para regalar a todo el mundo. A las gemelas lo que más les gusta el enorme escaparate de animales de peluche en la tienda de juguetes.

MERRY CHRISTMAS

Hoy he ido a patinar sobre hielo con mis amigos Jackie y Lincoln. Quería enseñar a las gemelas cómo patinar sobre hielo, pero mamá dice que acaban de aprender a caminar y no están preparadas para patinar sobre hielo todavía.

Mientras estábamos comprando mamá y papá nos llevaron a ver a Papá Noel. He sido una niña realmente buena este año, y estoy segura de que Papá Noel me traerá lo que he pedido. También le dije lo que pensaba que les gustaría a las gemelas. Mi solicitud especial es que nieve en Navidad.

Victoria intentaba tirar de las gafas de Papá Noel una y otra vez. Liberty no estaba muy segura sobre Papá Noel y empezó a llorar.

Las gemelas y yo cocinamos galletas con la abuela Linda para dárselas a nuestros vecinos. Liberty y Victoria hicieron un lío con el azúcar glas y les gusta jugar con la masa.

Mamá tuvo la idea de donar todas las galletas extra a la caridad. Me hace feliz ver las sonrisas en las caras de todo el mundo.

Todos los años, la ciudad donde vivo pone un 'árbol' gigante hecho solo de luces. Es una tradición familiar mirar hacia arriba y girar debajo suyo. Me mareo, pero es muy divertido. Las gemelas se rieron y se cayeron mucho.

HOT CHOCOLATE

En Nochebuena, después de una gran cena con toda nuestra familia, pusimos un vaso de leche y galletas para Papá Noel y algunas zanahorias para sus renos.

Liberty y Victoria están demasiado emocionadas para irse a dormir así que se acurrucan en la cama conmigo y mamá nos lee una historia de Navidad.

Finalmente es la mañana de Navidad. Las gemelas y yo nos despertamos incluso antes de que se haga de día. Corremos hacia el árbol para ver lo que Papá Noel ha dejado para nosotras.

Papá Noel trajo a las gemelas justo lo que yo le había pedido: una preciosa muñeca nueva para Liberty y Victoria un juguete divertido en el que montar. Mamá dijo que yo también tenía mi deseo especial de Navidad — cuando miré al exterior, vi que había nevado durante toda la noche.

Mamá y papá nos llevaron al parque donde
nos deslizamos e hicimos ángeles de nieve.
Es el día de Navidad perfecto.

Fin.

Para más información sobre las aventuras de Paris,
visite http://www.myfriendparis.com